I0014224

Qualité Web : appliquer une démarche qualité web

Joëlle Tanjaka

Qualité Web : appliquer une démarche qualité web

dans un environnement en constante évolution

Éditions universitaires européennes

Impressum / Mentions légales

Bibliografische Information der Deutschen Nationalbibliothek: Die Deutsche Nationalbibliothek verzeichnet diese Publikation in der Deutschen Nationalbibliografie; detaillierte bibliografische Daten sind im Internet über http://dnb.d-nb.de abrufbar.

Alle in diesem Buch genannten Marken und Produktnamen unterliegen warenzeichen-, marken- oder patentrechtlichem Schutz bzw. sind Warenzeichen oder eingetragene Warenzeichen der jeweiligen Inhaber. Die Wiedergabe von Marken, Produktnamen, Gebrauchsnamen, Handelsnamen, Warenbezeichnungen u.s.w. in diesem Werk berechtigt auch ohne besondere Kennzeichnung nicht zu der Annahme, dass solche Namen im Sinne der Warenzeichen- und Markenschutzgesetzgebung als frei zu betrachten wären und daher von jedermann benutzt werden dürften.

Information bibliographique publiée par la Deutsche Nationalbibliothek: La Deutsche Nationalbibliothek inscrit cette publication à la Deutsche Nationalbibliografie; des données bibliographiques détaillées sont disponibles sur internet à l'adresse http://dnb.d-nb.de.

Toutes marques et noms de produits mentionnés dans ce livre demeurent sous la protection des marques, des marques déposées et des brevets, et sont des marques ou des marques déposées de leurs détenteurs respectifs. L'utilisation des marques, noms de produits, noms communs, noms commerciaux, descriptions de produits, etc, même sans qu'ils soient mentionnés de façon particulière dans ce livre ne signifie en aucune façon que ces noms peuvent être utilisés sans restriction à l'égard de la législation pour la protection des marques et des marques déposées et pourraient donc être utilisés par quiconque.

Coverbild / Photo de couverture: www.ingimage.com

Verlag / Editeur:
Éditions universitaires européennes
ist ein Imprint der / est une marque déposée de
OmniScriptum GmbH & Co. KG
Heinrich-Böcking-Str. 6-8, 66121 Saarbrücken, Deutschland / Allemagne
Email: info@editions-ue.com

Herstellung: siehe letzte Seite /
Impression: voir la dernière page
ISBN: 978-3-8416-6641-3

SOMMAIRE

Remerciement

Mes vifs remerciements à mes parents pour m'avoir permis de continuer mes études supérieures en France et pour leur soutien constant. Ils se sont dévoués pour me dispenser aide, conseils et directives utiles pour réussir mes études.

Famille et amis, vous m'avez apporté aide et contribution pour l'élaboration de ce mémoire ainsi que pour la réussite de cette dernière année d'étude. Je vous en remercie grandement !

Je remercie particulièrement toutes les personnes et toutes les entreprises qui ont donné quelques minutes de leur temps pour répondre aux enquêtes destinées à rendre cette étude davantage empirique. Vous m'avez été d'une aide précieuse.

Ensuite, je remercie Mme Edith LAFFINEUR, tutrice dévouée qui m'a suivie et m'a donné une chance de poursuivre mes trois dernières années d'études en alternance.

Un grand merci aux courageux et aimables Romain Maronnier et Claire Mériguet pour avoir relu et corrigé ce travail.

Je tiens également à remercier les membres du jury qui consacreront du temps pour lire ce mémoire et pour être présent lors de ma soutenance.

Merci !

« Dans la course à la qualité, il n'y a pas de ligne d'arrivée. »
David Kearns

RÉSUMÉ

Ce mémoire de fin d'année propose de répondre à un questionnement qui a émergé de façon évidente au cours de ces deux dernières années de Master. Comment est-ce qu'une entreprise/une agence web peut répondre à des exigences en matière de qualité web dans un environnement très changeant ?

La qualité web n'est pas un sujet abordé régulièrement lors des interventions en cours, et mes recherches documentaires m'ont fait réaliser que la qualité web est un sujet de niche, rarement exploité, très peu diffusé et encore moins démocratisé. Le sujet est abordé par un nombre très restreint de professionnels et de chercheurs. La qualité web a pour objectif premier de répondre aux besoins des utilisateurs, mais pourquoi ces derniers ne sont que minoritairement au fait de la notion de qualité web ?

Ce mémoire n'a pas la prétention de proposer un travail de chercheur ni de qualiticien mais d'avancer une rétrospective de la qualité web et des différents mouvements qui ont contribué et contribuent encore aujourd'hui à son avancement et à son industrialisation. L'étude que j'ai effectuée tente de comprendre à quel niveau d'implication se trouvent les différents acteurs qui gravitent autour de la notion de qualité web : utilisateurs, donneurs d'ordre et producteurs de site internet. Les résultats empiriques ont démontré que tous ces acteurs ne sont pas au même niveau d'intégration ni de compréhension des enjeux. Les enjeux de la qualité web sont pourtant nombreux.

Enfin j'ai proposé dans ce mémoire, différentes démarches de qualité web et des éléments de réponse quant à la problématique de l'évolution constante de l'industrie du web. Aux grands maux de l'évolution trop rapide, des remèdes innovateurs. Et si l'agilité et l'Open Data pouvaient répondre à cette problématique ?

ABSTRACT

This Master's thesis aims at answering the questions that have emerged duri ng these last two years of studies. How can a company or web agency meet web quality demands in a fast moving environment?

Web quality is not frequently discussed in class. My researches helped me re alize that it is a very specific subject, rarely used, spread or democratized. Ve ry few professionals and researchers work on this subject. Web quality's main goal is to meet internet users needs, when they actually do not know about it.

This thesis does not pretend to offer a researcher's or a controllers' piece of work. This is a retrospective on web quality, its evolution, and its industrializat ion. The study helps to understand the roles of the many actors interacting in web quality (users, product owners and web producers. The empirical results have showed that all actors have different visions and understanding. There a re nonetheless many web quality stakes.

Finally, I suggest in this study different web quality approaches and answers t o the question of web industry evolution. Fast evolution problems bring creati ve remedies. Could agility and OpenData tackle this issue?

« Le web partout et pour tous » telle était l'ambition principale à la création d'Internet. Il y a vingt ans, en avril 1993, le laboratoire européen de recherche nucléaire, a versé dans le domaine public toutes les technologies autour de la World Wide Web. Depuis, le web n'a cessé d'évoluer et cela à une vitesse grand « V ». On est passé d'une page statique à des applications interactives avec des contenus riches ; de l'utilité purement informative à un enjeu majeur de l'économie mondiale. Le web est en voie d'industrialisation, s'il n'est pas déjà industrialisé.

Mais la technologie a peut-être avancé trop vite, sans avoir eu le temps de considérer ses points faibles et sans totalement atteindre cette ambition première.

A l'image de l'Automobile pour tous (défendu par Ford ou Ohno), l'industrie du web s'est mise à produire en masse. On compte dans le monde près de 582 millions de sites internet[1] en 2012, contre seulement 19 000 il y a 17 ans. Quant à la France, elle affiche un compteur de 2,6 millions de sites internet en 2011[2].

Cette production en masse et cette avancée rapide ont malheureusement mis de côté ceux qui, pour diverses raisons, ne pouvaient pas suivre cette évolution : des personnes en situation de handicap, des personnes n'ayant pas accès à internet ou ayant un bas débit, des propriétaires de sites néophytes qui n'arrivent pas à rendre visible leur site…

Pour pallier aux manquements à l'ambition initiale, le World Wide Web Consertium (W3C) a instauré des règles pour le web afin de standardiser les pratiques en termes de conception de site internet. La qualité web est née !

D'autres standards émis par d'autres organismes sont venus compléter ces premiers au cours de ces vingt dernières années. Ces organismes réétudient, analysent et réactualisent les standards pour les faire correspondre aux technologies naissantes, aux nouveaux usages du web et aux nouveaux comportements des utilisateurs.

Mais les pratiques et la technologie évoluent toujours plus vite que les règles et les standards et les organismes ont tendance à avoir un train de retard pour les formaliser. C'est dans cette mesure que la problématique suivante a

---

[1] Chiffres Janvier 2012 sur Wikipédia
[2] Chiffres E-mails-Borkers, 2011

émergé : comment appliquer une démarche qualité web dans un environnement en constante évolution ?

Pour tenter de répondre à cette question, cette étude essaie de comprendre ce qu'est en réalité la qualité web et comment la perçoive les utilisateurs, les maîtres d'œuvre et les maître d'ouvrage.
Ce travail relate ensuite les enjeux majeurs de la mise en place de la qualité web.
Enfin, la dernière partie de l'étude consiste à mettre en exergue des stratégies de démarche qualité web, notamment celles qui pourront répondre à la question centrale.

I. QUALITÉ WEB, ÉLÉMENTS DE DÉFINITIONS

" La qualité web est l'aptitude d'un service en ligne à satisfaire des besoins explicites et implicites" telle est la définition donnée par Elie Sloïm qualiticien web chez Temesis et fondateur du projet Open Quality Standards.
A travers cette phrase, on commence à cerner la signification de la qualité web, mais on reste encore dans le flou, le terme étant vague.

En réalité, définir la qualité web est un exercice difficile et sujet à débats interminables. Dans son sens le plus large, la qualité web s'appuie sur les standards définis par le W3C ou encore le WCAG. Mais ces normes et standards concentrent leurs analyses sur des aspects plutôt techniques.
La qualité web dont on parle ici ne se vérifie pas uniquement par de la technique, d'autres critères et notamment ceux émanant des utilisateurs finaux sont pris en compte.
En France, il existe une communauté de qualiticiens web qui ont chacun leur propre définition de ce qu'est la qualité web. Il existe des labels et certifications, qui après audit, viennent prouver la qualité de certains sites web en terme de fiabilité ou de sécurité entre autres...
Le projet Opquast quant à lui travaille sur la normalisation des bonnes pratiques en matière de gestion de la qualité web pour un projet en production ou en post-production.

Définitions, labels, certifications et modèle, ce premier chapitre va essayer de donner une vue d'ensemble à la qualité web en mettant en avant ses tenants et aboutissants et en lui donnant quelques éléments de définition.

Ce chapitre comprend trois parties : comprendre la qualité web, les principaux labels et certificats de qualité web et le modèle VPTCS d'Opquast.

Les labels et les certificats servent à assurer les utilisateurs web du degré de qualité, de fiabilité, d'accessibilité et dans la majorité des cas, de sécurité des sites internet et applications Mobiles et Smartphones. Il existe de nombreux labels généraux et spécifiques à certains points.

Ces labels sont obtenus après un audit effectué par un organisme assermenté. L'audit induit la pratique d'une démarche pour améliorer tant la qualité du service lui-même que la qualité de tout le processus de sa production.

Cette partie vise à énumérer de façon succincte et non exhaustive les principaux labels de qualité web. Ces derniers sont regroupés selon leurs spécificités.

1. Les labels et certificats de qualité en général

a) ISO 9001-2008 et le management de qualité

L'ISO 9001-2008 fait partie de la famille de normes ISO 9000 qui englobent plusieurs aspects liés au management de la qualité. Le Certificat ISO 9001-2008 est un certificat général et international qui s'applique à tous types d'organisations et non seulement aux éditeurs de services internet.

L'ISO 9001 est un certificat qui s'obtient suite à un audit effectué par un auditeur et se maintient par le biais d'un audit annuel.

Le certificat s'applique à de nombreuses fonctions de l'entreprise : ressources, maintenance des ressources matérielles, communication, planification de la production et des services etc.

L'ISO 9001-2008 est donc un certificat qui induit une démarche de qualité globale et managériale de toute la structure. Il a été créé en 1994 sous l'appellation ISO 8402. Le certificat a été largement remanié dans les années 2000 avec la prise en compte, entre autres, de la notion de processus. Une mise à jour prévue en 2015 est en cours d'étude.

Le World Wide Web Consertium a été créé par l'inventeur d'Internet Tim Berners-Lee en 1994. C'est un organisme international qui développe des standards pour le web et qui œuvre pour que celui-ci soit à la portée de tous, quel que soit leur matériel, logiciel, réseau, langue ou handicap.

Le World Wide Web Consertium travaille sur la standardisation d'un ensemble de technologies,

Ci-dessous quelques exemples de technologie

TECHNOLOGIES	EXTENSIONS
ARIA	Accessible Rich Internet Application (en cours)
ATAG	Authoring Tool Accessibility Guidelines
WCAG	Web Content Accessibility Guidelines
CSS	Cascading Style Sheet
HTML	Hyper Text Markup Language
MathML	Mathematics Markup Language
SMIL	Synchronized Multimedia Integration Language
PNG	Portable Network Graphics
SOAP	Simple Objectif Access Protocol
XHTML	eXtensible Hyper Text Markup Language
WSPL	Web Service Definition Language

La certification de conformité se fait en ligne via le validateur de l'organisme www.validator.w3.org pour les technologies générales. D'autres outils et validateurs en ligne permettent de vérifier et de valider les technologies plus spécifiques.

En fonction des technologies validées, des icônes peuvent être affichées sur le site/application en question.

Ces certifications ne sont pas soumises à contrôle par une tierce partie, ce qui engendre quelques dérives quant à l'apposition des logos de certification.

http://www.amazon.fr >>> 575 erreurs, 70 warnings au 18/08/2013

http://www.impots.gouv.fr >>> 133 erreurs, 156 warnings

http://braillenet.org >>> 31 erreurs, 43 warning

Il est effectivement rare qu'un site soit valide à 100% en W3C, et même après le stade de la recette cela peut être le cas, l'administration du site par une tierce personne peut engendrer des erreurs et des anomalies non-compatibles avec les normes.

En réalité, Google affirme que seulement 5% des sites indexés sur son moteur de recherche sont valide à 100%.

2. Les certificats et labels relatifs à l'accessibilité et à la visibilité

a) Le WCAG/RGAA

- **Le WCAG** (Web Content Accessibility Guidelines) est un guide crée par la WAI[3] et dont la première version est sortie en 1999, le second en 2008.
Le WCAG repose sur un ensemble de recommandations pour rendre les contenus Web accessibles. Ces règles facilitent l'accès aux informations par le plus grand nombre de personnes et sur tous les supports que ce soit : ordinateur, téléphone, tablette…).
La certification WCAG s'obtient par une déclaration volontaire de conformité au regard des recommandations du W3C. La validation de la conformité se traduit par l'affichage des logos d'Accessibilité selon 3 niveaux de conformité :
  - A : correspond aux critères d'accessibilité de première priorité. La facilité d'accès aux informations est minimale
  - AA : correspond aux critères d'accessibilité de première et deuxième priorité. La facilité d'accès aux informations est « correcte »
  - AAA : correspond aux critères d'accessibilité de première, deuxième et troisième priorité. La facilité d'accès aux informations est excellente.

W3C WAI-A WCAG 2.0 | W3C WAI-AA WCAG 2.0 | W3C WAI-AAA WCAG 2.0

http://www.amazon.fr >>> 133 problèmes connues, 481 problèmes potentiels, AA
http://www.impots.gouv.fr >>> 5 problèmes connues, 244 problèmes potentiels, AA
http://braillenet.org >>> 8 problèmes connues, 378 problèmes potentiels. AA

- **Le RGAA** (Référentiel Général d'Accessibilité pour les administrations) est une liste de modalités techniques d'accessibilité des services en ligne de l'Etat Français, de ses collectivités territoriales et de ses établissements publics. Mis à part le web, le RGAA concerne également la téléphonie et la télévision.

---

[3] Web Accessiblity Initiative

L'article 47 de la loi du 11 février 2005 pour « l'égalité des droits et des chances, la participation et la citoyenneté des personnes handicapées » a fait naître le référentiel.[4]

Le RGAA se base sur plusieurs techniques référencées par le WCAG.

L'attestation de conformité doit être demandée par les entités concernées sous les conditions décrites dans le décret[5] à savoir immédiatement, au jour de la mise en ligne du site/application internet. Le contrôle par une tierce partie n'est pas obligatoire.

b) Accessiweb

L'association BrailleNet qui œuvre pour la réalisation et la diffusion de guides facilitant la conception de pages web accessible délivre un Label Qualité dénomé Accessiweb.

Ce label est une marque déposée et est délivré exclusivement par l'association.

Le label permet de garantir la conformité d'un site aux recommandations de W3C/WAI car il est établi en stricte correspondance avec les WCAG 2.0. Il permet de vérifier qu'un site Web est conforme aux critères énoncés dans le référentiel Accessiweb 2.2 grâce à l'audit des pages représentatives.

Le résultat du processus d'évaluation donne un niveau d'accessibilité du site qui permet d'attribuer un label Bronze, Argent ou Or.

- Bronze : les recommandations essentielles de l'accessibilité (page braille, logiciel lecteur d'écran, synthèse vocal...) sont pris en compte
- Argent : outre les recommandations essentielles, le site intègre de bons critères de navigation.
- Or : tous les critères de recommandations sont respectés. Le site présente un très bon niveau d'accessibilité.

c) Un label Européen, Euracert

Euracert est le premier label européen de qualité pour les sites web accessibles.

Le Label a été créé en se basant sur des textes de références pour que la reconnaissance entre pays des sites labellisés soit possible.

---

[4] http://references.modernisation.gouv.fr/rgaa-accessibilite
[5] Décret n°2009-546 du 14 mai 2009, Loi 2005-102 du 11 février 2005.

En bref, le label Euracert n'est pas un label de plus, mais un label complémentaire qui permet d'être reconnu en dehors du pays d'origine du site internet.

L'obtention du label Euracert se fait par un audit effectué par l'un des partenaires de l'organisme :

- – Accessiweb France,
- – AnySurfer Belgique,
- – Fundosa Teleservicios Espagne,
- – Etc...

La déclaration de conformité doit être faite par le propriétaire du site/application web.

3. Les labels relatifs au commerce en ligne

Les labels et certificats en e-commerce ont un enjeu considérable. Même si l'achat en ligne se démocratise et que les appréhensions générales retombent de plus en plus, les acheteurs sont toujours à l'affut de signe de qualité et surtout de sécurité avant de passer commande. Voici quelques exemples de labels et certificats les plus utilisées.

a) Fia-Net

Fia-Net est un courtier d'assurance filiale de Crédit Agricole. Le rôle premier de cet organisme est de minimiser les risques de fraudes à la carte bancaire. Il est au service du cybermarchand grâce à la souscription d'un contrat d'assurance entre les deux parties.

Fia-Net est de ce fait un indicateur de qualité pour les cyberacheteurs car le label évoque la sécurisation de l'achat en ligne. Le second rôle est l'évaluation de la qualité de service des cybermarchands grâce à des questionnaires envoyés aux acheteurs. Fia-Net assure de ce fait d'émettre des avis de consommateurs fiables et réels. Les sites e-commerces se voyant attribués le plus d'avis positifs reçoivent la nomination de Site Premium.

Il est cependant à noter que de plus en plus de litiges apparaissent grâce aux pratiques de FIA-NET qui a tendance à travailler surtout pour le cybermarchand que pour le consommateur. L'association UFC-QUE

CHOISIR met en garde les consommateurs d'avoir un jugement critique quant à l'apposition du logo sur les sites e-commerce[6].

Exemple de site partenaires de FIA-Net : Cdiscount, RueduCommerce, AuchanDirect.fr, Webdistrib...

b) Labelsite

Labelsite est un label de la FEVAD (Fédération du e-commerce et de la vente à Distance). Le label certifie la véritable identité du site marchand, ses conformités à la réglementation et déontologie de la vente à distance.
L'obtention du label est soumise aux respects de 27 règles. Le certificat est valable 1 an, un audit annuel est effectué par un organisme agréé. En cas de non-respect d'une des 27 règles, le certificat est retiré.
Exemple de site certifié Labelsite : Furet.com, Leguide.com, EasyVoyage.

c) Trusted Shop

Trusted Shop est un auditeur allemand spécialisé dans le e-commerce. Depuis 2011, les sites français peuvent être certifié Trusted Shop s'ils respectent certains critères : transparence des prix, gestion de la fraude de carte de crédit, solvabilité, non-paiement en cas de retour/remboursement....
Exemple de site certifié Trusted Shop : Pixum

d) Webcert

Le label Webcert est attribué au site ayant passé un audit avec l'organisme AFAQ/AFNOR. C'est un label à conserver au fil des années car les audits de contrôle sont effectués régulièrement.
Webcert permet de garantir aux clients la véracité de l'identité du vendeur, la transparence des informations et un paiement sécurisé.
Exemple de site certifié WebCert : Boursorama, mediaexange.fr

Ce panorama de labels et certificats n'est pas exhaustif, il existe d'autres labels et certificats plus ou moins spécifiques en fonction du domaine d'activité du propriétaire du site.
Ces certifications offrent aux utilisateurs une garantie pour l'accès aux informations, une sécurité et surtout une transparence.

---

[6] Article UFC QUE CHOISIR, Juillet 2013 http://www.quechoisir.org/commerce/methode-de-vente-abus/decryptage-achat-en-ligne-fia-net-trusted-shops-fevad-que-cachent-les-labels

Avec l'avancée du multiscreens et l'utilisation de plus en plus importante d'internet dans la vie quotidienne, les certificats et labels ont tendance à se multiplier.

En 2011, Google a annoncé le lancement d'un certificat qualité destiné aux e-commerçants. Dénommé Trusted Stores, le label n'est pas encore disponible en France. Après avoir été lancé aux Etats-Unis, la firme de Moutain View a lancé courant 2013 la certification en Grande Bretagne.

Cette partie est un exercice de style qui servira à comprendre, à cerner et à mettre en contexte la qualité web, selon plusieurs visions différentes.

Dans la vie d'un site internet, il y a trois catégories d'entité qui entrent en relation :

- Le maître d'ouvrage (MOA) : est l'entité qui initie le projet (Project Owner en anglais). c'est celui qui veut transmettre des informations, c'est le donneur d'ordre.
- Le maître d'œuvre (MOE) : est l'entité qui gère et crée le projet avec ses équipes techniques dont des qualiticiens web.
- Les utilisateurs finaux: est l'entité qui se sert, à terme, du projet.

Ayant chacun un rôle distinct vis à vis du projet, ces trois acteurs ne conçoivent pas la qualité web tout à fait de la même manière.

Les définitions données dans le premier et deuxième point sont issues d'une analyse tirée de deux formulaires d'enquête. Le premier formulaire a été partagé sur un réseau social, le deuxième a été effectué sur un échantillon de 200 entreprises et institutions dans le nord de la France. (Annexe 1 et 2).

1. La qualité web selon les utilisateurs

a) La typologie des activités des internautes

Le graphique « type d'activités » ci-dessous représente les activités en ligne des internautes interrogés lors de l'enquête administrés en ligne. C'est un outil sur lequel il est utile de se baser pour analyser les réponses des internautes qui seront évoqués plus loin.

Ce graphique montre que la majorité des internautes interrogés se servent d'Internet comme un outil d'information et de communication. L'achat et les réservations en ligne résident à la deuxième place.

La tendance nationale en 2012 publié par une étude INSEE[7] (deuxième graphique) corrobore ces données en mettant sur le podium l'envoi et la réception des e-mails (70% de réponses). Le deuxième service le plus utilisé est la consultation des données bancaires, avec près de la moitié des internautes de 15 ans et plus. L'achat sur internet se positionne au quatrième rang au niveau national avec près de 40% d'utilisateurs.

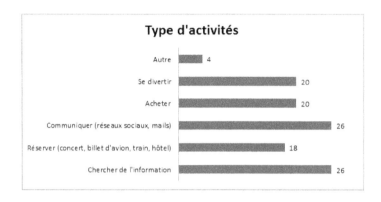

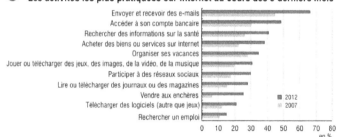

② Les activités les plus pratiquées sur Internet au cours des 3 derniers mois

Lecture : les habitants de la métropole sont 25 % à avoir vendu des biens sur Internet en 2012 contre seulement 6 % en 2007.
Champ : personnes de 15 ans ou plus vivant en France métropolitaine dans un ménage ordinaire.
Source : Insee, enquêtes Technologies de l'information et de la communication 2007 et 2012.

---

[7] Etude Insee, L'internet de plus en plus prisé, l'internaute de plus en plus mobile, Vincent Gombaut, division Condition de vie des ménages, Juin 2013
http://www.insee.fr/fr/ffc/ipweb/ip1452/ip1452.pdf

D'après l'enquête effectuée auprès des utilisateurs, plus de 65% des personnes interrogées n'ont jamais entendu parler de qualité web. En revanche, la notion ne laisse aucune d'entre elles sans opinion.

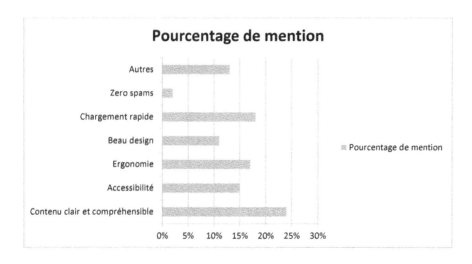

Un contenu de qualité comme premier critère :

Plus de 52% des utilisateurs de site web questionnés exige d'un site d'avoir un contenu clair et compréhensible de premier abord.

Un contenu facilement compréhensible, la mise à disposition d'une information complète et conforme à ses attentes, tels sont les critères qu'un internaute recherche pour qualifier un site de qualité.

De manière générale, les réponses récoltées mettent en avant la qualité, la pertinence et l'accessibilité de l'information.

Un site de qualité est un donc site confortable grâce à la disponibilité et la richesse de son contenu, tant sur le fond que sur la présentation et grâce aux critères suivants:

- *les conditions communautaires qui environnent le site :* une information de qualité est donc une information transparente. La présence de commentaires des internautes, des avis des acheteurs, d'un forum FAQ interactif, et la présence d'un community management sont de plus en plus un gage de qualité d'un site internet, selon les internautes.
- *L'information ouverte :* une information libre et gratuite. Les internautes interrogés pensent que la gratuité de l'information est un critère entrant dans la qualification d'un site internet.
- *L'irréprochabilité de la rédaction :* le respect de l'orthographe, la syntaxe et les règles de grammaires et conjugaisons sont le minimum qu'un site internet puisse faire pour unsite.

L'ergonomie rime avec habitude :

Le deuxième plus important critère qui ressort de l'enquête est l'ergonomie. Pour 21% des personnes interrogées, un site de qualité est un site qui "place les éléments là où on les attend" c'est également un site qui "ne déstabilise pas les habitudes de l'internaute lors de la navigation (panier à droite, connexion à droite)". Le mot "intuitif" est le mot qui revient le plus en réponse aux questions ouvertes.

On peut déduire que pour l'internaute, tous ces codes d'ergonomie et de navigation ont été assimilés et ne doivent pas être rompus au profit d'un design élégant ou d'une mise en page novatrice.

Les personnes âgées de 45 ans et plus (5% de l'ensemble de l'échantillon) sont les plus nombreuses à aborder cette question d'ergonomie. Il est toutefois à préciser que le terme "ergonomie" n'a pas été cité tel quel, les personnes interrogées parlent plutôt d' "Habitude" et de "mode" de navigation.

De la publicité « utile » et « discrète » :

Les internautes interrogés sont plutôt favorables à 13% pour avoir des messages publicitaires sur les pages des sites qu'ils visitent. Les affirmations précisent même qu'un site qui affiche des publicités ciblées est un site de qualité mais à une certaine condition:

- Les annonces ciblées doivent être pertinentes.
- Les données personnelles ne doivent pas être utilisées de manière excessive.
- Les publicités ne doivent pas être intrusives et perturber le bon déroulement de la navigation.

Au niveau national[8], si la majorité des internautes considèrent que la publicité sur internet est une mauvaise chose (64%) et omniprésente (90%), 38% d'entre eux tolèrent celle-ci.

Cependant, cette tolérance s'applique uniquement sur les publicités affichées en bannière ou encore les liens sponsorisés. Les pré-rolls et les pop-up sont les supports les moins tolérés.

L'affichage de publicités sur les pages des sites internet est donc toléré et est même considéré comme un élément de mesure de la qualité d'un site internet.

Un beau design est un design informatif :

Le design est un élément essentiel dans l'appréciation des sites pour 12% des personnes interrogées. Le design d'un site quand il est innovant engendre une fidélisation de ses internautes.

Cependant, "il faut que le design ait un rapport avec l'image de marque de l'entreprise", et qu'il ne "déroute pas l'internaute dans ses habitudes de navigation" affirment les internautes dans le questionnaire administré.

En règle générale, les réponses des internautes concernant le design d'un site se convergent plus ou moins vers une information importante : pour que le design soit reconnu en tant qu'élément contribuant à la qualité d'un site, il faut que le contenu du site soit à priori de qualité.

Un beau design qui ne met pas en avant l'objet du site peut donc paraître comme un "bruit", un "parasite" dans la bonne transmission de l'information.

---

[8] Etude IFOP 2013 http://www.ifop.com/?option=com_publication&type=poll&id=2281

Pour 60% des personnes interrogées l'ensemble des sites qu'elles visitent mérite une note de 4 sur une échelle allant de 0 à 5. Cette note est la note maximum attribuée à l'ensemble des sites qu'elles visitent. 5% des internautes pensent que les sites qu'ils visitent ne sont pas assez de qualité avec une note de 2 attribué.

Ces mêmes personnes affirment que sur les 5 sites qu'ils visitent le plus, seulement trois sites sont de qualité car ils respectent les critères les plus importants énoncés plus haut.

Dans cet interrogatoire, le site d'Amazon est cité 25 fois comme étant un site de qualité. Ce site de vente en ligne sort largement du lot avec plusieurs points d'avance. Se suivent après la plateforme Facebook, les sites e-commerces www.asos.fr et www.desigual.com . (Annexe 3)

D'après cette enquête auprès des utilisateurs finaux, il est évident que la mesure de la qualité d'un site est une chose qui se fait de manière plus ou moins inconsciente. C'est certainement pour cette raison que la majorité des personnes interrogées ont coché la case négative en réponse à la question « avez-vous déjà entendu parler de qualité web ?».
Il est évident que plus on s'habitue à la qualité plus on la trouve normale et inhérente au site. 40% des personnes interrogées pensent que les marques, les entreprises ne font pas le maximum pour améliorer leur site/plateforme web contre 40% qui pensent le contraire. Le reste n'a aucun avis sur le sujet.

2. La qualité web selon les agences web et les annonceurs

Une autre enquête sur la qualité web a été envoyée par e-mail 250 entreprises et institutions de la Métropole Lilloise. Les structures ont un rapport plus professionnel avec l'univers d'internet, ils ont de ce fait un autre regard et un avis différent sur le sujet.

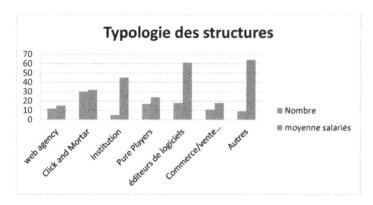

Ce graphique représente la typologie des 102 structures qui ont répondu au questionnaire. En règle générale toutes ces structures ont une connaissance plus approfondie du web. Pour informer, promouvoir leur marque ou vendre leurs produits les structures interrogées dans cette enquête utilisent un site internet. Ils s'adressent donc à un public plus ou moins large, et plus ou moins averti en termes d'utilisation d'internet.

Pourtant 40% des structures lilloises interrogées dans le questionnaire n'ont jamais entendu mentionner la notion de qualité web dans le cadre de leur environnement de travail.
Ces 40% sont constitués essentiellement d'institutions et de PME commerciales dont la plupart utilisent un plateforme internet pour informer ou promouvoir leurs activités.
Sur les 60% restant, 20 structures sont en phase de réflexion quant à l'intégration d'une démarche qualité web au sein de leur organisation, une vingtaine sont en train de réaliser la démarche et 20 l'ont déjà intégré depuis au moins 5 ans.

L'intégration d'une stratégie de qualité web implique une réorganisation totale du mode de fonctionnement d'une structure. Car si le but est de satisfaire le client final, le travail en amont est également un élément essentiel à prendre en compte. C'est donc un travail de longue haleine qui risque de perturber les collaborateurs.

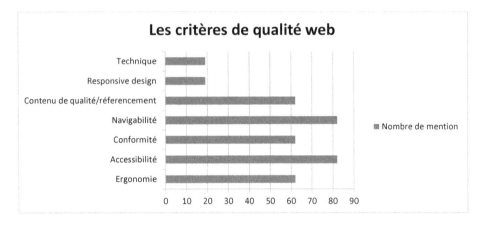

La technique au profit de la qualité web

Les critères de qualité avancés par les structures ne diffèrent pas beaucoup des critères avancés par les utilisateurs finaux.

La différence réside dans la prise en compte de certains aspects techniques. Le responsive design, la technique et la conformité à différentes normes telles que le W3C sont davantage mentionnés dans les réponses des structures que dans celles des utilisateurs finaux.

Il est évident ici que même si la majorité des structures questionnées ne côtoient pas la qualité web au quotidien, les définitions données par celles-ci sont plus précises et plus concrètes que celles données par les utilisateurs finaux.

Une petite place pour une activité grandissante dans le nord

65% des agences web et éditeurs de logiciels/applications affirment ne jamais intégrer une démarche de qualité web dans leurs projets, 10% le fait très rarement. 15% affirme le faire en fonction des projets et aucunement sur chaque projet entrepris. Seulement 10% des agences et éditeurs d'applications web intègre de manière systématique une démarche qualité. L'intégration d'une démarche qualité web identifiée en tant que telle n'est donc pas encore chose courante, notamment dans les structures lilloises. La région lilloise est pourtant un bassin d'entreprises spécialisées dans le web. Les pôles, les ruches, les incubateurs d'entreprises[9] en nouvelles technologies et TIC regorgent de grandes et petites entreprises, des start-ups ou des porteurs d'idées.

Les raisons de cette fébrilité

Les agences web et les développeurs d'applications web affirment à 60% que leurs clients n'expriment jamais le désir d'intégrer la qualité web dans la stratégie de ciblage ni de rendement de leur projet. Seulement 20% des annonceurs exigent de manière occasionnelle l'intégration d'une démarche qualité web. Cette réticence s'explique, toujours selon les structures, par la méconnaissance des enjeux de la qualité web.

En effet, les annonceurs ne se doutent pas des différents enjeux que peut représenter l'intégration d'une démarche qualité web. Il y a ici un réel manque de sensibilisation en ce sens.

Les mêmes agences affirment qu'ils ne proposent que rarement à leur client d'intégrer cette démarche, par crainte d'élever les factures de productions et cela au détriment d'une qualité optimum du site/plateforme web.

Une autre raison évoquée est celle d'une procédure trop longue, car l'intégration d'une démarche qualité implique une suite de tests plus approfondis à chaque étape du projet.

Les trois principales raisons de cette réticence sont donc liées :

- à la méconnaissance des enjeux de la qualité web
- aux coûts que cela peut engendrer
- à la durée du processus qui rallonge le temps de production du projet.

Si les deux dernières raisons restent défendables en temps de crise économique, la première raison est un véritable manque à gagner tant pour les annonceurs que pour les agences qui produisent les outils web.

Pourtant, paradoxalement, à la question « à qui profite la qualité web ? », de nombreuses structures ont répondu en connaissance de ces enjeux :
« Satisfaire les besoins des clients, leur suggérer de nouveaux comportements, les faire évoluer avec nous. Au bout du compte, c'est la notoriété de l'entreprise qui en bénéficie. »

---

[9] Euratechnologies, La Plaine Image, La Haute Borne, Ruche d'entreprises Nord France...

Cette affirmation de l'une des structures participantes à l'enquête, exprime de manière très nette que la qualité web profite tout aussi bien au client qu'à l'agence/structure qui produit le projet.

55% des réponses à cette question mentionnent l'internaute comme étant le principal bénéficiaire de l'intégration de la qualité dans les projets web.

36% des réponses mentionnent que tant l'internaute, l'annonceur et l'agence web sont gagnants dès lors qu'un projet cumule plusieurs bonnes pratiques en termes de qualité web.

La qualité web n'occupe donc qu'une place très infime dans l'industrie du web lillois. Celles qui appliquent cette démarche sont peu nombreuses comparées au nombre d'agences qui fleurissent le paysage web de la Métropole.

3. La qualité web selon les qualiticiens web

Dans une équipe web, il existe peu de postes dédiés à la gestion de la qualité web. Le métier de qualiticien web est un métier encore sous-représenté.

Quelques écoles dispensent de formations qualifiantes en matière de qualité web en France[10], aucune formation universitaire n'a pu être identifiée.

Pour l'heure, les qualiticiens web sont des passionnés par la nouvelle technologie, qui possèdent des compétences et connaissances pluridisciplinaires et qui de par leur parcours professionnels se sont retrouvés à pratiquer la qualité web.

a) La Qualité Web selon Elie SLOÏM

Elie Sloïm est le fondateur de TEMESIS et du projet Open Quality Standards, militant invétéré pour la pratique et la normalisation de la qualité web.

Qualiticien industriel de formation, il s'oriente en 1999 vers la qualité web en créant le portail e-qualite.com. Avec son projet Open Quality Standards, il contribue à l'émergence de référentiels open sources dans le secteur du numérique.

« La qualité Web est l' « **Aptitude d'un service en ligne à satisfaire des exigences implicites ou explicites** ». La gestion de la qualité Web, qu'il ne faut pas confondre avec la Qualité Web, est un « Ensemble d'activités

---

[10] Bachelor Business et Management Internet (Sup'Internet)
Bachelor in Management IT
Formation qualité (TEMESIS)

*coordonnées dont l'objectif est d'**évaluer, améliorer et garantir la qualité Web**. »[11]ELIE SLOIM*

Avec une formation initiale en Arts et Multimédia, Delphine MALASSINGE s'est intéressé très rapidement au problématique de la qualité Web. Elle a créé son propre poste en tant que Responsable Qualité au sein d'une structure bancaire. Conférencières et intervenantes dans des écoles supérieures, Delphine Malassingne est une collaboratrice active au sein de la communauté W3Qualité.

*« La qualité web correspond à la **meilleure façon de produire du contenu et des services web**. Cela englobe le résultat final mais aussi la façon de le faire. Elle est **déterminée en fonction d'objectifs identifiés** qui permettent d'orienter les choix et de mesurer l'amélioration continue au regard de ces objectifs. La qualité web est **gérée en faisant appel à toutes les disciplines de la conception et de la réalisation de pages web**. L'ensemble permettant d'assurer la **meilleure expérience utilisateur possible** tout en **optimisant les processus** de réalisation. »[12]DELPHINE MALASSINGNE*

De par son métier de développeur les détails et les normes techniques n'échappent pas à David Lafon. En s'intéressant à la satisfaction client il s'oriente de manière naturelle vers l'expérience utilisateur et par conséquent vers la qualité web. Au sein d'une agence, il gère la cellule Testing et Qualité dans la définition des méthodes de livraison client avec la meilleure qualité possible.

*« Pour définir la qualité web, j'ai tendance à m'appuyer sur la définition du Web par Sir Tim Berners Lee : « Mettre le Web et ses services à la disposition de tous les individus, quel que soit leur matériel ou logiciel, leur infrastructure réseau, leur langue maternelle, leur culture, leur localisation géographique, ou leurs aptitudes physiques ou mentales. ». La qualité web est, pour moi, la **garante de ce résultat**. Elle est **transversale à l'ensemble des métiers du web** et le rôle du qualiticien web est de **s'assurer, à tous les niveaux d'un projet, que les critères de qualité sont***

---

[11] In Qu'est-ce que la Qualité web, www.w3qualité.net
[12] *In Qu'est-ce que la Qualité web, www.w3qualite.net*

respectés *(standards, accessibilité, performances, sécurité, fonctionnalités, ergonomie et référencement). »*[13] *DAVID LAFON*

d) La Qualité Web selon Franck TAILLANDIER

Travaillant pour le ministère de l'Education Nationale, Franck Taillandier s'intéresse aux standards du W3C et surtout à l'accessibilité numérique. Aujourd'hui il conseille les clients en matière de développement et les sensibilise à l'intégration d'un internet pour tous. C'est de cette façon qu'il intègre le petit cercle de qualiticiens web.

*« La qualité est avant tout un **idéal à atteindre** et non une fin en soi. Le challenge est donc d'arriver à **prendre en compte et à faire cohabiter pour le mieux toutes les disciplines** censées intervenir dans une chaîne de production web moderne – expérience utilisateur, architecture de l'information, ergonomie, accessibilité, design web, performance, mobilité, sécurité – et ce **en fonction des contraintes** spécifiques au projet. »*[14]*FRANCK TAILLANDIER*

Il est aujourd'hui évident qu'il est difficile de donner une seule définition à la qualité web. Des individualismes se dessinent quant à la pratique et à l'intégration d'une démarche qualité dans un projet web. Cependant, ces origines, techniques et visions différentes tend à converger vers le même but :

- proposer des services web optimisés pour l'utilisateur
- renforcer la notion de transversalité
- défendre la nécessité d'une gestion globale de la qualité web

---

13 In Qu'est-ce que la Qualité web, www.w3qualite.net
14 In Qu'est-ce que la Qualité Web, www.w3qualite.net

1. Définition

Le VPTCS est un modèle crée par Opquast. C'est un modèle qui synthétise les attentes des utilisateurs finaux. Le modèle explique de manière simplifiée et catégorisée les qualités attentues dans un site et permet d'amener une vision transversale de l'ensemble des métiers en relation avec la qualité web. Le modèle VPTCS se base sur 5 attentes de l'utilisateur : trouver facilement le site (**V**isbilité), avoir une navigation agréable (**P**erception), un site qui fonctionne correctement (**T**echniques), avoir des contenus et des services de bonne qualité (**C**ontenus/**S**ervices).
Sur le plan des activités ces 5 points se déclinent de la sorte :

VISIBILTE	PERCEPTION	TECHNIQUE	CONTENU	SERVICES
Référencement	Ergonomie	Sécurité	Rédaction	E-commerce
Positionnement	Accessibilité	Hébergement	Traduction	Logistique
Webmarketing	Webdesign	OoS performance	Netiquette	Support/garantie
Communication	Navigation	Conformité W3C	Fraîcheur	Relation client

2. Spécificités du modèle VPTCS

a) Prise en compte de toutes les attentes

Le modèle VPTCS mise beaucoup sur la transversalité de sa méthode dans la prise en compte de la qualité web. En effet, le modèle ne privilégie l'un ou l'autre des cinq points, mais les traite de façon mesurée et équilibrée.
En d'autres termes, un site de qualité doit prendre en compte tous ces aspects et cela de façon égale. Un site qui est bien référencé mais dont le service ne correspond pas aux attentes de l'utilisateur final risque d'avoir une qualité bancale.

Selon ce modèle, la qualité web ne doit pas se limiter à l'interface web. Un site web de qualité doit permettre à l'internaute de percevoir cette dite qualité pendant la visite, mais également après la visite.

En effet, lorsqu'un internaute passe une commande sur un site marchand, il peut mesurer le degré de qualité du site pendant l'acte d'achat (contenu clair, transparence, fluidité de la navigation, sécurité). Mais ce qui se passe après cette visite peut être aussi important, si ce n'est plus. L'envoi de la commande, les mails de confirmations et la réponse à la demande de renseignements ont un impact sur la qualité perçue par l'utilisateur.

c) La valeur ajoutée d'un site comme critère de qualité

La qualité étant la résultante d'une perception, la valeur ajoutée d'un site internet est un élément que ce modèle estime avec une grande importance.

Cette valeur ajoutée va se concentrer spécifiquement sur les aspects Contenus (C) et Services (S).

Le modèle considère que les aspects (V,P,T) sont à la fois fondamentales et secondaires. En effet, elles sont nécessaires à la construction du projet web, cependant il est évident que par-dessus-tout, ce sont les contenus et les services que proposent le site qui prime. D'une certaine manière, les V,P,T n'ont d'importance qu'à travers leur capacité à mettre en valeur les C et S.

Pour conclure ce chapitre, on peut noter que, hormis quelques exceptions, la définition que l'on donne à la qualité web reste une synthèse générique qualifiant les attentes de l'utilisateur final. Cela s'explique en partie par la non-pratique d'une démarche qualité identifiée lors d'un projet web, par une méconnaissance des possibilités d'amélioration d'un site internet grâce à l'intégration d'une démarche qualité et par la non-sensibilisation sur la question des commanditaires de projet. Malgré cela, la pratique de la qualité web a tendance à émerger de sa niche, certes pas aussi rapidement qu'il ne devrait, mais peut être mieux ancrée dans la gestion de projet web.

Une rétrospective sur l'utilisation du web et son impact sur notre mode de vie laisse croire que la maturation du web est belle est bien engagée. On est passé du stade artisanal à un stade d'industrialisation.

Aujourd'hui, l'industrie du web représente environ 60 millions de chiffre d'affaire et pèse plus lourd que le transport et l'agriculture[15]. Le secteur a permis depuis, l'emploi de plus d'1 millions de personnes.

Cette industrialisation a induit des restructurations et les enjeux du web se sont agrandis de plus en plus. Les gestionnaires de projet web se sont retrouvés face à des chantiers qui ont pris de l'ampleur, de plus en plus complexe, destiné à un plus grand nombre de personnes de types différentes. Par conséquent de plus en plus de spécialistes sont appelés à rejoindre la production.

Comparés à une dizaine d'années, le nombre de personnes qui interagissent dans la production d'un site internet est passé du simple au triple.

Il est de ce fait indispensable d'harmoniser les pratiques et d'optimiser le processus de production pour ainsi prendre en compte tous les différents types de métiers qui interagissent lors de cette production.

Ce deuxième chapitre va évoquer les enjeux que peut représenter l'intégration d'une démarche qualité web tant au niveau du maître d'œuvre que le maître d'ouvrage, en passant par les bénéfices apportés pour les utilisateurs finaux.

Divisés en trois parties, le chapitre traitera des différents enjeux de la qualité web après avoir retracé le processus d'industrialisation du secteur.

---

[15] In Rapport Mckinley&Company, mars 2011

A. L'industrialisation du secteur du web

L'industrialisation du secteur du web a engendré une catégorisation de plus en plus spécifique des métiers qui entrent en compte dans la production d'un site/application internet.

Hier encore, l'intégralité de la production d'un site internet était sous l'égide d'un webmaster qui produisait de A à Z le site : développement, référencement, gestion de contenus…

Aujourd'hui ce n'est évidemment plus le cas, la complexité d'un projet web a engendré une considérable démultiplication de ce métier.

En effet, la maîtrise absolue de tous les métiers par une seule personne est aujourd'hui chose inconcevable.

L'importance de parler le même « langage » lorsqu'on travaille en équipe est donc primordiale pour optimiser la production.

Les enjeux de la mise en place d'une démarche qualité web sont conjointement liés, entre autres, à cette industrialisation et à la complexité grandissante de l'environnement web

1. Un environnement de travail complexe

La première version du World Wide Web a été lancée il y a vingt-trois ans de cela. Le CERN, Organisation Européenne pour la recherche nucléaire a republié en avril dernier[16] la première page web. Sans qualité graphique ou visuelle, sans animations, ni de design, cette page fut l'origine de ce que nous connaissons aujourd'hui. (Annexe 4).

Depuis cette page, les technologies se sont succédé, créant en parallèle des corps de métiers.

a) Démultiplications des métiers du web

- Dans les années 2000, les métiers d'intégrateur et de webdesigner se sont distingués l'un de l'autre. La prise en charge des feuilles de style (notamment le CSS) par les navigateurs a forgé la standardisation de la séparation du fond et de la forme dans l'écriture des pages web. On est face ici aux prémices du façonnage de la qualité web.

- L'apparition des CMS (Content Management Système) a engendré par exemple, l'émergence des métiers de développeurs, qui eux même se sont spécialisés. En effet, le métier de l'analyste-programmeur connait une sous spécialisation. Un développeur peut être spécialisé en

---

[16]30 avril 2013

fonction du terminal (mobile, pc) en fonction du système d'exploitation (Apple, Windows, Android), en fonction du langage (HTML5, PHP) etc.

- Grâce à la fonction WYSIWYG[17] du CMS, qui offre une plateforme d'intégration du contenu qui permet de mettre à jour facilement le site, le métier de web rédacteur est également apparu.

- Le développement des moteurs de recherches et le nombre croissant de sites internet a fait naître une concurrence accrue en terme de visibilité des sites. Un site qui est référencé en troisième page de Google par exemple n'est consulté que très rarement sauf par les concurrents qui font de la veille.[18]   En effet, seulement 5% des internautes vont jusqu'à la troisième des résultats de Google ou autre moteur de recherche. De cette problématique est né le métier de référenceur, spécialiste des mots clés et des stratégies de référencement.

- Quant à l'apparition des langages d'applications dynamiques, elle a permis de transposer le web sur différent supports. Cette nouvelle technologie a permis de faire émerger une horde de développeurs spécialisés dans les applications Facebook et autres jeux en lignes, tout en créant des ergonomes spécialisés dans le responsive design…

- D'autres métiers de l'ordre du marketing et de la communication ont également émergés : des spécialistes en communication digitale, en communication multicanale, des webmarketeurs qui élaborent des e-stratégie
  L'apogée des réseaux sociaux a fait naître une autre entité qui a pris une ampleur considérable surtout dans le domaine de l'e-commerce, les community managers : les relations clients d'internet.

Quant au métier du webmaster/webmestre, lui, il a muté vers le métier du chef/responsable de projet. Le chef de projet web, comme l'était le webmaster, suit le projet de A à Z. Il doit communiquer avec tous les acteurs du projet, connaître les spécificités de leurs métiers, de leur langage technologique et de faire le lien entre les différents membres de l'équipe pour proposer des solutions au client et mener à bien le projet. Il doit en outre

---

[17] What You see Is What You Get
[18] Source : www.journaldunet.com

retranscrire les informations dans un langage plus général pour le maître d'ouvrage.

En d'autres termes, le chef de projet est amené à avoir des notions de marketing (communication, référencement, production de contenus, positionnement, benchmark…), de technique (compatibilité, base de données, sécurité…), d'une très grande connaissance générale en termes de service (logistique, e-commerce, droit des consommateurs, CGV…), et d'ergonomie (responsive design, design d'interface, architecture d'information, webdesign) et en plus il doit avoir des capacités commerciales.

b) Démultiplication des outils de travail

Internet s'est industrialisé grâce à d'autres aspects technologiques qui a régit l'environnement depuis presque vingt ans. Ces aspects ont fortement complexifié le travail des producteurs de site internet, autrement dit le webmaster, ce qui a valu la restructuration de son métier expliqué plus haut.

- Il suffit de prendre l'exemple le marché des navigateurs, qui en quelques années a connu un développement considérable. En 1995, Netscape, Opéra et Internet Explorer se partageaient inégalement le marché. L'ancienneté de Netscape lui a valu une part de marché importante jusqu'à la fin du XXe siècle. Mais début 2000, Microsoft démocratise au grand public l'IE6 et fait du navigateur le leader du marché mondial. Quelques années après Mozilla sort Firefox (2002) un navigateur libre et gratuit qui a su supplanter le leadership de IE sans pour autant l'évincer, Safari (Apple) est sorti en 2003, et le Chrome de Google entre sur le marché en 2008, alors que Netscape s'éteint.

- Parallèlement, le secteur connait une multiplication des modes d'accès aux contenus web : syndication de contenus grâce aux flux RSS par exemple, la montée des supports mobiles et tout récemment des tablettes tactiles s'ajoutent à cette panoplie de technologie qui a su captiver l'intérêt des milliers d'internautes. Il a fallu adapter les conceptions à tous ces supports, car les internautes deviennent de plus en plus multiscreens. Dans d'autres termes, ils ne se contentent plus d'utiliser le web via un seul support.

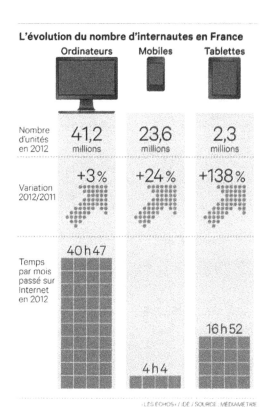

L'évolution du nombre d'internautes en France

	Ordinateurs	Mobiles	Tablettes
Nombre d'unités en 2012	41,2 millions	23,6 millions	2,3 millions
Variation 2012/2011	+3%	+24%	+138%
Temps par mois passé sur Internet en 2012	40h47	4h4	16h52

LES ÉCHOS+ / IDÉ / SOURCE : MÉDIAMÉTRIE

- Les technologies d'enrichissements des interfaces ont également transformé la façon de concevoir les sites/applications web.

- Et enfin, il est rare aujourd'hui qu'une structure possède uniquement un site internet. En règle générale, elle a au moins deux plateformes web : un site commercial et un blog. Elle peut en plus avoir un site intranet, une application mobile/tablette, un autre site corporate. Si on prend l'exemple de Castorama, on peut s'apercevoir que l'enseigne possède déjà 4 sites destinés au public sans compter ceux qui sont destinés à la cible internet.

www.castorama.fr boutique en ligne   www.castorama.covoiturage.fr

www.prime-energie-casto.castorama.fr   www.emploi.castorama.frCastorama RH
simulateur de prime pour l'énergie

Dans la mesure où les compétences mises en œuvre sont diverses et multiples, il est patent qu'il est primordial d'harmoniser les pratiques, d'optimiser les processus et les outils sur lesquels tous ces acteurs vont travailler mutuellement.

2. Une nécessaire transversalité

Le chef de projet est donc le maestro de l'équipe, il connait toutes les partitions et dirige son équipe pour réaliser le projet.
Les différents profils qui y travaillent interviennent à différents stades de celui-ci, récupérant le travail du précédant tout en pensant à la réalisation du suivant.

La détermination de protocoles communs s'avère nécessaire pour mener à bien le projet. En effet, il faut que la production du site internet soit régit par un système d'organisation dont toutes les facettes sont connues par tous les acteurs. En d'autres termes, il faut qu'il ait une prise de conscience de l'importance de chaque démarche entreprise par chaque acteur du projet.

Si la transversalité est nécessaire dans le domaine du web c'est qu'elle est inhérente au mode projet. Le management transversal permet effectivement de capitaliser les expériences des acteurs sur un projet complexe et évolutif.
La transversalité permet de prendre en compte l'ensemble des contraintes des acteurs au même moment.

Dans un contexte mouvant donc, la transversalité est capable d'apporter l'agilité nécessaire à la résolution de problèmes complexes, elle permet en outre la favorisation de l'intelligence collective et l'innovation.
Ainsi pour accompagner ce management de transversalité de manière optimum à cet un cadre de référence est essentiel. Ce cadre fait appel encore une fois à un référentiel, à un standards web.

Ainsi pour fournir un environnement interopérable et transversal, la normalisation des standards web, dans d'autres termes la qualité web, est indispensable.

Dans un environnement en constante évolution comme celui du web, la formalisation et la normalisation des pratiques est nécessaire afin de donner à l'utilisateur une expérience optimale. Le degré de maturité de l'industrie de web est au plus haut niveau, le nombre d'internautes en France ne cesse d'augmenter, de nouvelles technologies apparaissent, les types d'activités pratiqués sur le web ne cessent de se diversifier. Les enjeux d'un web de qualité n'est plus aujourd'hui réfutable. Elle s'avère d'autant plus essentielle pour niveler le web aux mêmes niveaux que les autres secteurs industriels tels que l'automobile qui s'est construit grâce à une démarche qualité performante et surtout totale[19].

---

[19] Taylorisme, Qualité Totale….

B. Enjeux Socio-économiques

Une démarche qualité a pour objectif principal d'améliorer les performances d'une structure de façon continuelle.

« Le besoin de qualité coïncide avec le besoin de sécurité lorsqu'il s'agit d'assurer la conservation de l'intégration physique des personnes"[20]. Dans le livre Marketing et Qualité Totale, les auteurs expliquent que l'insécurité psychique est provoqué par le manque de fiabilité des fabricats de produits ou des conceptions de service.

La sécurité étant au deuxième niveau des besoins du Pyramide de Maslow, la qualité est donc un levier de motivation d'achat quasi-reflexe car elle est probablement ancrée dans la nature humaine. Un produit ou service normé rassure l'acheteur et le consommateur.

Dans tous les secteurs d'activités, les enjeux socio-économiques que représente la mise en place d'une démarche qualité sont nombreux et considérables. Cela est d'autant plus valable pour le secteur du web. La spécificité des services web étant la virtualité, cela renforce le sentiment d'insécurité et de méfiance : un produit non conforme aux photos, un commerçant « virtuel » dans son sens d'inexistant.

Prendre en compte l'expérience utilisateur, en lui fournissant une qualité optimale permet donc de le rassurer, de le fidéliser et cela permet à la fois de se donner une bonne image de marque, de se forger une réputation.

1. Les enjeux économiques

Les enjeux économiques liés à l'intégration d'une démarche qualité sont nombreux. En général ils sont basés sur deux niveaux de rendements :

- la qualité web rapporte de l'argent quand les utilisateurs se retrouvent dans un environnement confortable propice à un passage à « l'action »
- la qualité permet également de faire des économies et de réduire des dépenses inutiles sur différents points qui peuvent être liés soit au projet lui-même, soit à la structure entière.

La démarche qualité web est l'intégration d'une succession de bonnes pratiques. Il y a des pratiques qui se font naturellement, involontairement,

---

[20] Bernhard Adriaensens, Marc Ingham, Michel Vankerkem, Marketing et Qualité Totale, De Boeck, Bruxelles, 1993

sans être conscient que l'on pratique une démarche qualité spécifique, car elles relèvent du bon sens. Toutefois, avec l'évolution technologique et la multiplication des moyens d'accès à internet, les pratiques les plus évidentes tendent à être oubliées. Pourtant plus elles sont évidentes, plus elles font parties des habitudes des internautes.

Et quand les utilisateurs n'ont pas la sensation d'avoir une navigation confortable, ils ont tendance à abandonner le but de leur passage sur un site.

L'enjeu économique majeur de la qualité web est sans doute *l'accroissement des parts de marché.*

L'intégration de la qualité dans un projet web peut amener *à augmenter le taux de conversion/transformation* et de ce fait augmenter les parts de marché.

Sur internet, le taux de conversion/transformation se définit par le ratio ([acheteurs/visiteurs]*100) qui donne le pourcentage de visiteurs réalisant « un achat » au cours de la visite d'un site ou suivant un certain laps de temps après la visite.[21]

Il est à préciser que cette définition est à prendre dans un contexte marchand. Le taux de transformation peut en effet être mesuré avec d'autres critères que l'achat. L'inscription à la newsletter, le téléchargement d'un document, l'écoute de musique, le visionnage de vidéo sont tout autant de critères qui entrent en compte dans le calcul du ratio.

Plusieurs bonnes pratiques peuvent permettre d'atteindre cet enjeu majeur. La première bonne pratique à laquelle est sans un aucun doute la prise en compte de *l'accessibilité.* En effet, les standards de l'accessibilité (WCAG, RGAA) est un des facteurs clés de l'accroissement du taux de conversion. En permettant à une cible plus large d'accéder facilement au contenus, il est évident que le nombre de visite augmente, et par conséquent la chance d'avoir une transformation, cela est mathématique.

Contrairement à ce que l'on croit, *l'accessibilité* n'est pas une problématique exclusivement en rapport avec les personnes en situation de handicap en général. Tout internaute, peut à un moment ou un autre être handicapé de manière momentanée et ne pas réussir à accéder aux contenus du site.

En effet, un site accessible ne doit pas répondre seulement aux exigences de WCAG mais doit également supporter tous les moyens lui donnant accès : tous les terminaux, le plus de langues possibles, adaptables sur tous les navigateurs web.

---

[21] www.definitions-webmarketing.com

Si l'on prend l'exemple de la vidéo, de plus en plus utilisée comme outil commercial, les termes de WCAG exigent de l'accompagner d'une transcription textuelle. Cela permet aux robots d'exploiter l'information pour les personnes malvoyantes ou atteinte d'une surdité, mais permet aussi de donner une alternative textuelle aux personnes qui sont placés dans des contextes où elles ne peuvent pas visionner la vidéo (lecteur sans Flash, bas débit, dans un lieu public ne permettant pas d'activer le son de la vidéo).

Dans un registre de bon sens marketing, la transparence des informations fournies sur un site e-commerce peut de manière insoupçonnée accroître le taux de transformation.

Il suffit d'avoir un tunnel de commande qui n'indique le délai de livraison qu'après la validation définitive pour perdre des clients. Certes, un délai trop important peut conduire les utilisateurs à reporter leur commande et il est tentant de ne le faire apparaître qu'après la validation de la commande. Mais l'effet de surprise négatif peut engendrer une non-satisfaction. L'incertitude liée à l'absence de délai prévisible est aussi un motif d'abandon de panier.

Les effets de déception, de non satisfaction et d'insécurité sont donc nuisibles au taux de transformation. Alors que la transparence peut amoindrir les maux et les points faibles et ainsi atténuer cette déception tout en apportant au site une qualité supplémentaire.

En 2012 en France, on a dénombré plus de 117 000 sites marchands actifs[22] (Annexe 5), et pour faire face à la concurrence, la démarche qualité web peut être une stratégie offensive. En effet, la qualité web entraine *un gain de performance et de référencement.*

Un site qui a intégré la qualité web gagne forcément en performance, au lieu de régler les bugs et les erreurs qui pourront apparaître fréquemment sur le site, l'entreprise peut *se focaliser davantage sur son métier* premier et fournir par conséquent des produits ou services de qualité.

Quant à l'agence web/producteur de site, grâce aux respects systématiques des référentiels et des standards, *le processus de production sera progressivement maîtriser* et le savoir des différents acteurs seront pérennisés.

Ce gain de performance qui induit la satisfaction des clients engendre par conséquent un gain en référencement.

---

[22] Source FEVAD, janvier 2011

Si ces quelques exemples permettent de mettre en exergue le fait que la qualité web permet de rapporter de l'argent, les exemples qui suivent démontrent qu'elle permet également de ne pas en perdre.

Il est judicieux de noter que plus les **défauts sont détectés tard, plus ils coutent cher**. L'intégration d'une démarche qualité bien en amont de la réalisation du projet permet donc d'économiser quelques (milliers) euros. En effet, en moyenne, on constate un rapport de 1 à 100 entre le coût de correction d'une erreur en phase de conception et le coût de la même correction en production.[23]

La diminution des erreurs et des bugs permet entre autres de *diminuer le risque de dette technique*.

« La dette technique, est l'accumulation de risques impliqués par les choix techniques effectués tout au long de la vie d'un projet »[24]

Ces dettes techniques sont d'autant plus fréquentes dans le domaine du web qui évolue dans un environnement qui est très mouvant technologiquement parlant.

Suivre de manière formelle les différents points du référentiel ou des standards choisis permet également de diminuer voire **supprimer les coûts de sur-qualité**.

Le coût de la sur-qualité est à classé dans la même catégorie que le coût de la non-qualité. C'est un manque à gagner qu'il est préférable de ne pas avoir à supporter.

La sur-qualité est le niveau de qualité réel supérieur au niveau de qualité requis. Ce niveau est obtenu par l'application de moyens disproportionnés. La sur-qualité est donc la volonté d'aller vers l'excellence en accumulant des critères de qualités qui ne correspondent pas de façon effective aux besoins de la cible. L'importance d'avoir une démarche basée sur un référentiel ou un checklist peut donc s'avérer payant car elle permet de donner un cadre à ne pas dépasser.

En règle générale les enjeux économiques de la qualité web sont **la garantie d'avoir un résultat final** en adéquation avec les attentes de la cible finale. La cible finale, ce n'est pas le commanditaire du projet, c'est belle est bien la personne qui va utiliser le site en dernier recours. Et même si le

---

[23] DUJARDIN Rémy, Tests Logiciels : Comment réconcilier qualité et agilité ?, www.jounarldunet.com, 2011

[24] Définition donnée par Bastien Jaillot sur www.letrainde13h37.fr dans l'article appréhender la notion de la dette technique.

commanditaire a des exigences qui semblent convenir à ses attentes personnels, le rôle du qualiticien web et de son équipe est de fournir des réponses liés à des attentes implicites lors sa formulation.

La qualité web permet également *d'économiser sur l'hébergement* grâce à l'optimisation des codes.

2. Les enjeux sociaux

La démarche qualité web a des enjeux sociaux qu'on ne peut négliger. Les enjeux sociaux peuvent être liés directement à l'application de la qualité web, mais ils peuvent aussi découler indirectement des résultats de la pratique de la démarche qualité web.

L'application de la qualité web peut *améliorer la communication* de la structure tout en réduisant le budget alloué au SEM (Search Engine Management). En respectant les balises et les alternatives par exemple, outres leurs fonctions premières, les informations du site pourront être exploités par les robots. Le site peut ainsi bénéficier d'un bon référencement sans que les décideurs aient à allouer un budget dans le référencement payant.

Une structure qui offre un service de qualité à ses utilisateurs finit par bénéficier d'une *communication gratuite et positive* de la part de ses clients. Les bonnes pratiques en termes d'accessibilité sont habituellement bien vues par l'opinion générale et si la structure s'est vue décerné des labels ou certifications, cela renforcera encore plus cette idée.

Avec la qualité web, une entreprise peut se construire *une bonne image de marque et assoir sa réputation.*

La démarche qualité web est également *un levier de motivation* pour les collaborateurs car elle permet de donner plus de *responsabilité individuelle* en les intégrant dans un objectif commun d'amélioration.

Elle donne la possibilité aux acteurs du projet d'avoir un *sentiment d'accomplissement* tout en les rendant des partenaires actifs du projet.

Dans un registre plus global, la démarche qualité permet de généraliser la qualité au sein de la structure qui l'applique.

En effet, l'application d'une démarche qualité implique la mise en place d'un management de qualité pour permettre de suivre et de pérenniser les pratiques.

La prévention des risques est un élément essentiel du management de la qualité. En effet, dans tout projet qu'il soit général ou relatif au web, la notion de risque est présente de façon constante. Les risques peuvent être d'ordre budgétaire (dépassement du budget alloué), d'ordre juridique (différence de législation entre plusieurs pays dans le cas d'un site international) ou encore de l'ordre de l'insatisfaction (le résultat attendu n'est pas atteint). La démarche qualité permet donc de réguler au fur et à mesure de l'avancée du projet ces risques.

L'assurance qualité est un enjeu plus qu'évident pour une agence web ou un producteur de site. Il n'est effectivement pas rare que la conception d'un site relève d'un projet d'envergure majeur pour le client. C'est en général un projet qui demande un budget considérable à son initiateur. L'assurance de mettre son projet dans les mains d'une entité qui maitrise la qualité n'est pas chose négligeable.

La mise en place d'une démarche qualité web peut s'avérer laborieux et couteux au premier abord, mais l'avantage de ce type de démarche est sans doute l'excellent **retour sur investissement qu'il rapporte.**

En effet, le respect des standards web, du plus basique au plus spécifique, permet **d'optimiser le processus de conception**. La démarche qualité a permis de concevoir le site cobaye sous des normes. Toute la conception du site est donc standardisée, de ce fait il est possible de le réutiliser à souhait. Il est sans rappeler que la standardisation permet de réaliser une économie d'échelle, même si dans un projet web il est quasi impossible de faire de la production de masse comme Ford l'entendait.

La maitrise de la qualité web pour une agence web est **un avantage concurrentiel**. Etre spécialisé en accessibilité par exemple permet de décrocher des contrats avec les institutions étatiques et gouvernementales qui ont l'obligation d'être validé RGAA.

En résumé, les enjeux de la qualité web est une boucle qui se ferme dès lors qu'on met le ***client au cœur des préoccupations***. En effet, un client satisfait est un client qui agit (achat, inscription…), cette action permet ***d'accroitre le nombre de ventes***, et par conséquent la ***performance de l'entreprise***, qui pour s'améliorer encore plus, ***renforcera sa démarche qualité.***

III. METTRE EN ŒUVRE LA QUALITE WEB

L'application de la qualité dans tous les domaines se passe généralement de la même manière. Depuis une cinquantaine d'années, la même « stratégie » est employée, même dans le domaine du management de la qualité en général.

En début d'activité, chaque entreprise pense d'abord à assurer la production et surtout à vendre ses produits, sans forcément penser à avoir une démarche qualité de façon formelle.

Dans un deuxième temps, elle tente de rectifier la non-qualité dans le but de fidéliser ses clients et d'élargir sa cible. Elle assure donc le contrôle de sa production en bout de chaîne.

Et c'est seulement après que la procédure de contrôle finale est maîtrisée que l'entreprise commence à détecter les défauts et les sources de non-qualité pendant la production voire même pendant la phase de conception.

Ce schéma est applicable quand le secteur est encore dans un stade artisanal et quand la production s'effectue encore « à taille humaine ». Dans un secteur qui s'est industrialisé, il est devenu primordial d'écrire une ligne stratégique quant à la démarche qualité.

En effet, la démarche qualité n'implique pas seulement le projet web et ses acteurs, elle concerne également toute l'organisation de l'entreprise, le style managérial, la culture d'entreprise et implique de ce fait tous les collaborateurs de celle-ci.

Dans ce chapitre, nous allons démontrer et mettre en exergue les différents éléments d'une stratégie de démarche qualité web, afin de bénéficier des enjeux majeurs cités dans le chapitre précédent.

Le chapitre se divise en trois parties et commence par démontrer l'apparition d'un nouveau métier dans le web. La deuxième partie se focalise sur les moyens classiques d'intégrer la qualité web à différentes étapes de la production et enfin, nous terminerons par un nouveau moyen de concevoir la qualité web comme un moyen plus innovant et d'actualité.

On a vu dans un point précédent que les métiers du web se sont diversifiés au fur et à mesure que le secteur s'est développé et s'est complexifié. Les métiers se sont spécialisés pour que chaque acteur excelle dans un domaine précis.

La nécessité grandissante d'une mise en œuvre d'une démarche qualité web a fait apparaitre un nouveau corps de métier, le responsable qualité web.

A mi-chemin entre le chef de projet et le qualiticien, le poste de responsable qualité web a émergé d'un évident constat : afin de réussir cette démarche il faut que l'équipe soit épaulée, écoutée, managée par une personne qui est sensibilisée en termes de qualité web, qui aura en dehors de ce temps de travail, le temps de faire la veille sur les nouvelles pratiques.

a) La fiche de poste du responsable qualité web

La fiche de poste de responsable qualité web est apparue officiellement sur le portail des métiers de l'internet en 2011.[25]

La personne qui occupe ce poste doit être le pivot qui relie chaque métier. Elle doit être à l'écoute des différentes équipes.

Elle est garante de la qualité d'un service en ligne, d'un site web ou d'une application. En effet, le responsable qualité web doit assurer le suivi de la qualité en fonction des objectifs qu'il a fixé avec les décideurs et l'équipe et d'améliorer de façon continuelle la démarche.

Pour effectuer ses missions, le responsable de qualité web doit avoir la légitimité nécessaire pour intervenir directement auprès de l'équipe qu'il accompagne.

De ce fait, il doit être associé à la conception et à la production des services web, tel un chef de projet. En outre, il doit utiliser des outils de tests, d'automatisations, de reporting et d'alertes à chaque étape du projet.

Pour mener à bien ses missions, il doit également actualiser de façon permanente ses connaissances dans le domaine de la qualité web, par la veille et des formations. Le fait d'être actif en contribuant à améliorer les référentiels des bonnes pratiques peut également lui permettre de ne pas

---

[25] www.metiers.internet.gouv.fr

s'enfermer dans ses propres pratiques et de suivre les évolutions dans le domaine de la qualité web.

Auprès de l'équipe, le responsable qualité web assure la cohérence de celle-ci. En effet c'est un poste transverse horizontal car il peut transmettre les contraintes et préoccupations de chaque métier aux autres, ainsi que leurs besoins. Il dialogue donc entre chaque pôle qui intervient dans le projet : graphisme, ergonomie, référencement, intégration, développement, webmarketing, rédaction. Il veille à ce que chaque pôle respecte de manière interopérable les bonnes pratiques sélectionnées au préalable.

A mi-chemin entre le chef de projet et le qualiticien, le responsable qualité web doit donc avoir un sens managérial, c'est-à-dire être neutre et impartial vis-à-vis du projet et vis-à-vis de chaque membre de l'équipe projet.

b) Bien choisir son Responsable Qualité Web

La qualité web n'est pas universelle et n'est donc pas la même en fonction des structures. Il n'y a pas une qualité web, mais plusieurs bonnes pratiques qu'on choisit en fonction de ses objectifs.

Dans chaque structure, le rôle du responsable qualité web est de ce fait, d'établir la stratégie de qualité (et de composer son référentiel), son checklist en fonction des projets et des demandes éventuelles du MOA. Il doit choisir quelques bonnes pratiques parmi des milliers, tout en respectant les normes de base et en rajoutant des spécificités en rapport avec les caractéristiques des utilisateurs finaux du site/application.

Choisir un responsable qualité possédant les mêmes visions que l'entreprise est donc primordiale.
Le métier étant tout récent, la plupart des entreprises qui ont mis en place ce poste ont eu deux choix principaux pour recruter son responsable qualité web :

- Recruter en interne : le chef de projet web maitrise déjà une majorité des compétences que doit avoir le responsable qualité web. Il sait manager l'équipe, suivre le bon déroulement du projet et organiser tout le travail et veille forcément déjà à ce que les principes de bases en termes de qualité web soient respectés. En outre, un chef de projet déjà présent dans l'entreprise connait les différents acteurs et la culture de l'entreprise. Il suffit donc de lui fournir la formation supplémentaire nécessaire à son changement de statut.

- Recruter en externe : comme on l'a précédemment énoncé, un responsable qualité web de formation n'existe pas encore. Il faudra donc veiller à bien choisir une personne qui aura une double compétence en management de projet et en qualité web. La formation peut être également une solution de recrutement si la personne n'a qu'une des deux compétences requises.

Dans une stratégie de démarche qualité, l'importance de désigner d'une façon formelle une personne en charge de la qualité permet de créer une atmosphère agréable. En effet, l'équipe n'aura pas le sentiment d'être livrée à elle-même quant à ces nouvelles exigences.

En outre, la formation du personnel et de l'équipe projet aux principes de la qualité web est également une stratégie payante. En effet, la formation permettra à l'équipe d'autoévaluer ses pratiques, de comprendre la nécessité d'intégrer la qualité web ainsi que les enjeux qu'elle représente. Cette prise de conscience responsabilisera chaque membre de l'équipe en lui ôtant un sentiment de cadre trop rigide dans lequel il est subordonné à un checklist de bonnes pratiques.

En effet, la mise place d'une démarche qualité peut être mal perçue car elle demande de la rigueur et un temps de travail plus conséquent.

Après avoir choisi son responsable qualité web, il s'agit par la suite de choisir sa stratégie en termes de qualité web en fonction des exigences et des moyens de la structure.

Chaque structure n'est pas au même stade d'avancement et de maturité. Toute entreprise ne peut se permettre de contrôler en amont la qualité web, par manque de temps, manque de personnes qualifiées pour gérer la démarche, ou tout simplement par facilité et par manque de connaissance des enjeux de la démarche.

Plusieurs possibilités s'offrent aux décideurs pour intégrer la qualité ou la contrôler à différentes étapes du projet. Ces possibilités mènent toutes au même objectif, celui de satisfaire le client. Cependant elles ne se valent pas en termes de coût, de temps et d'efficacité.

1. Intégrer la qualité dans un projet existant

Il n'est jamais trop tard pour intégrer la qualité dans un site web. Il est même fréquent que les porteurs de projets et les agences web contrôlent la qualité d'un site alors que celui-ci est déjà en ligne. En général quand on intègre la qualité alors que le projet existe déjà, c'est parce qu'au bout du compte, on s'est aperçu que le site ne répond pas (ou plus) aux attentes des utilisateurs.

a) Intégrer la qualité sur un site en ligne

Quand on décide d'intégrer la qualité sur un site en ligne c'est qu'on est surement face à une stratégie de crise. Après un long travail de mise en place, de production, de validation et de webmarketing, on se rend compte que le site manque de visibilité ou que le taux de transformation est inférieur à ce que l'on espérait.
Intégrer la qualité sur un site déjà en ligne n'est pas chose impossible, l'inconvénient c'est que plus tard est détectée la non-qualité, plus elle coûte de l'argent.

Dans ce type de contexte, le site internet déjà en ligne doit être audité afin de remonter dans un sens inverse tous manquements aux bonnes pratiques.

- **Dans un aspect pratique,** le responsable qualité web doit prendre en main le référentiel correspondant à l'exigence future du site.

Celui-ci doit également prendre en main le site à analyser. Cette étape est primordiale afin de comprendre le site, son organisation et la nature des contenus ainsi que son mode de navigation.

Cette prise en main permettra de détecter également les premiers défauts majeurs qui apparaissent immédiatement.

Grâce à ces premiers constats, le responsable qualité peut détecter les pages ou rubriques particulièrement à risque ou proposant des contenues spécifiques.

Cette méthode peut permettre d'ores et déjà à l'équipe de rectifier les erreurs et de renforcer la qualité d'un site.

Cependant, une telle méthode ne peut être suffisante quand le site aspire à une certification ou labellisation ou encore lorsqu'une expertise juridique est nécessaire. Dans ce cas, l'audit du site doit être approfondi grâce à un test d'un échantillon représentatif du site.

L'échantillon représentatif doit être choisi de manière stratégique et non au hasard. Dans deux nombreux cas, les pages les plus fréquemment choisies sont les suivantes :

- La page d'accueil
- Les sommaires de rubriques
- Une page-type de contenu
- Le plan du site
- Les formulaires et résultats de recherche
- Une page contenant une vidéo
- Une page contenant des fichiers à télécharger
- Une page avec un contenu spécifique : tableau, image…
- Le formulaire de contact
- Les pages d'erreurs (404, 403)
- Les pages de mentions légales, d'aide.

L'étape de l'évaluation peut être donc enclenchée. Il existe plusieurs manières d'évaluer un site, en fonction des critères, cette évaluation peut être faite manuellement ou en ligne.

Dans les deux cas, il est nécessaire de sélectionner (ou de rendre non applicable dans le cas d'un test en ligne) les critères correspondant au besoin du site et au niveau souhaité.[26]

Enfin, un rapport d'audit contenant la restitution des résultats doit être livré au commanditaire.
L'audit est un état des lieux à un instant « t », résultant d'une analyse méthodologique d'un auditeur. Pour que cette restitution soit exploitable, l'auditeur doit mettre en évidence le contexte dans lequel l'audit a été effectué. Il doit énoncer les objectifs de l'audit et le référentiel sur lequel il s'est basé. Il doit mentionner la méthode de l'analyse et les outils utilisés.

- Dans un contexte général, le résultat de l'audit permet d'établir une conclusion de laquelle émanera des préconisations.
L'audit d'un site en ligne a pour but de présenter des résultats exhaustifs pour l'ensemble des bonnes pratiques.
Ces résultats permettront de prioriser chaque erreur en fonction de
  - l'aspect plus ou moins bloquant pour l'utilisateur final,
  - du degré de facilité à réparer l'erreur
  - de la fréquence des erreurs rencontrées.

b) Intégrer la qualité en cours de production

Comme dans un projet classique, les décideurs établissent les fonctionnalités selon ce qu'ils pensent correspondre aux attentes de leur cible, leur goût personnel et le budget alloué au projet.
Les producteurs de sites suivent alors à la lettre le cahier des charges, en faisant valider deux ou trois fois les étapes du projet.
En général ces validations concernent le design, le contenu, l'ergonomie du site.
C'est au stade de la recette, juste avant la livraison du site que les contrôles de compatibilité sont effectués.

Mais l'audit n'intervient pas uniquement ni forcément en bout de chaîne. Il est même davantage pertinent de l'effectuer pendant la production du site. C'est ce qu'on appelle le *les audits de suivi de production*.

---

[26] Plusieurs niveaux de qualité sont proposés par les différents standards et normes (voir Premier Chapitre, deuxième partie « Les principaux labels et certifications)

L'audit de suivi de production consiste à auditer les livrables obtenus à chaque étape de la conception du site (prototype, intégration) pour vérifier et corriger toute mauvaise pratique, le plus tôt possible.

Dans la majeure partie des cas, un projet web se déroule comme le schéma décrit ci-dessous. Il est à noter que d'autres types de gestion de projet existent, notamment la méthode agile qui commence à prendre de l'ampleur, mais l'exemple qu'on va prendre est pour le moins le plus répandu.

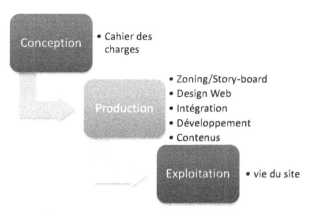

A chaque étape du processus, des phases tests permettant de vérifier l'application des bonnes pratiques est possible.

- La rédaction du cahier des charges est une phase cruciale car toutes les bonnes pratiques peuvent s'avérer applicable à ce stage. Dans le cahier des charges, certaines bonnes pratiques viennent préciser des exigences fonctionnelles, d'autres garantissent la qualité du processus de production.
- Prototypage : maquettes semi-fonctionnelles, story-boards, wireframes, zoning sont les noms attribués au prototype dans le domaine du web. Ces prototypes consistent à donner une idée la plus proche des différentes zones du site, de simuler le site en prenant connaissance des contraintes, et de simuler la navigation du site. L'objectif du prototypage est de simuler le site sans avoir à le développer intégralement et ainsi de le faire valider avant la production.
- Le design, qui consiste à esthétiser les wireframes, présente un grand nombre de bonnes pratiques qui doivent être intégrées pour ainsi assurer le bon fonctionnement de l'étape suivante.
- L'intégration consiste à transformer les designs statiques (jpeg, psd) en templates (gabarit) xhtm/css. Les bonnes pratiques dans cette phase

sont en général d'ordre technique et conduisent à obtenir un site solide, structuré et accessible.

- Le développement est la phase technique finale, il s'agit de concevoir le moteur du site. Plusieurs cas de développement peuvent se présenter : mise en place d'un CMS, création de pages web à l'aide de logiciels d'édition de sites, développements informatiques spécifiques. Plusieurs points relatifs aux bonnes pratiques doivent être vérifiées ici.
- Le contenu est une phase importante car, comme on l'a dit précédemment, sans contenu de qualité tout le travail technique effectué ci-haut n'aura pas de valeur. Il est donc aussi important de vérifier les bonnes pratiques utilisées dans les étapes précédentes par les rédacteurs web.

Voici un tableau récapitulatif des différentes étapes avec des exemples de bonnes pratiques à intégrer :

Etape	Liste de bonnes pratiques
Cahier des charges	• Formulaire de contact + accusé de réception • Accès au panier + modification de la quantité d'article possible, suppression d'articles possible… • Tous les designs respecteront les bonnes pratiques n°x…
Prototypage	• Bonne navigation • Cohérence de l'emplacement des éléments • Processus des formulaires • Règle relative à l'accessibilité
Création graphique / design	• Structuration des contenus en sections titrées • Rôle de la couleur/ contraste couleur • Présence et disposition des éléments de navigation • L'organisation des contrôles, boutons et champs de formulaires
Intégration	• Styles et présentation sous CSS • Scripts et gestion des interactions • Structure html et sémantique • Alternatives aux contenus spécifiques (objets multimédias)
Développement	• Configuration serveur • Référencement • Performance • sécurité
Les aspects éditoriaux	• orthographe • pertinence de l'information • disponibilité de l'information

2. Intégrer la qualité dès le cahier des charges

De façon idéale, le cahier des charges doit contenir tous les besoins et attentes des utilisateurs internes et/ou externes des sites, après que ces besoins aient été recueillis, analysés, triés, spécifiés, priorisés… pour être transmis au maître d'œuvre.

Le cahier des charge est donc une étape fondamentale du processus de conception du site web car elle permet de définir et formaliser les objectifs du site par rapport à ses utilisateurs, de déterminer les aspects fonctionnels, de faire comprendre le projet aux équipes opérationnelles et enfin d'estimer les moyens nécessaires à la production du site.

De ce fait, il est tout à fait possible et même conseillé d'intégrer dans le cahier des charges les bonnes pratiques. Si cette étape n'est pas faite par le maître d'ouvrage, le maître d'œuvre, lui se doit de les intégrer.

L'intégration de la qualité web dès le cahier des charges permet de :

- préciser les exigences et le niveau de qualité attendu
- prévenir les risques de non-qualité
- définir les exigences techniques et fonctionnelles du client
- permettre aux maîtres d'œuvre d'estimer au mieux la quantité du travail nécessaire à l'élaboration du projet.

La liste des bonnes pratiques sont fondamentales qu'elle constitue en elle-même un cahier des charges. Il est cependant dangereux de mettre en avant en premier lieu la liste des bonnes pratiques, au risque d'aller vers la sur-qualité. Il est important de bien définir à priori, les exigences fonctionnelles, les contenus du site, les services proposés.

C'est seulement après avoir déterminé ces derniers qu'il faut consolider le cahier des charges par l'ajout de certaines bonnes pratiques.

La consolidation consiste à transformer les exigences génériques décrites dans les cahiers des charges en bonnes pratiques spécifiques. En effet, les sites regorgent d'exigences trop génériques qui sont à banir :
« le site aura un système de navigation intuitif »
« le site sera configuré correctement pour être référencé dans les moteurs de recherche »
« le site sera accessible aux personnes handicapées ».

Ces exigences sont tellement vagues et imprécises que les personnes qui recevront ces indications les interprèteront selon leur propre vision des choses. En effet, une exigence telle que « je veux un site ergonomique » va signifier deux choses totalement différentes pour deux agences web.

L'impact de cette subjectivité au niveau des exigences est considérable

- le respect des exigences initial ne sera pas objectivement vérifiable,
- les devis pour la production d'un même site peuvent varier du simple au triple, d'un prestataire à l'autre ;
- les déceptions seront nombreuses du côté du donneur d'ordre.

Il est donc nécessaire de constituer un référentiel de bonnes pratiques correspondant à ces exigences.

Les méthodes classiques de gestion de qualité web définissent en amont les bonnes pratiques afin de contrôler au mieux l'intégration de la qualité. Cette méthode « planifiée » a pour conséquence de donner des pratiques figées incapables de réagir rapidement au changement.

Quelles sont donc les stratégies à déployer pour faire face à un secteur constamment en changement ? Comment allier gestion du changement et gestion de la qualité web ?

A travers les documentations et les lectures qui m'ont amené à conduire cette étude, deux stratégies ont émergé et m'ont semblé adapté pour répondre à cette problématique.

1. *L'agilité pour répondre aux besoins changeant des donneurs d'ordre.*

Les méthodes agiles se démocratisent progressivement dans la production des projets informatiques. De plus en plus d'agences web, de SS2I, et autres éditeurs de logiciels informatiques commencent à adopter l'agilité et cela malgré une persistance de la méthode de solution applicative (spécifications, développement, recettes, livraison).

Les méthodes agiles sont des groupes de pratiques en gestion de projet. Ces méthodes se veulent plus pragmatique que celles dites traditionnelles, car en effet, elles permettent d'impliquer au maximum le client dans le processus de production. Le principe fondamental des méthodes agiles est leur capacité **à prendre en compte et à gérer le changement**. Ces méthodes confèrent une méthode incrémentale, itérative et surtout flexible.

La question est de savoir si les méthodes agiles peuvent être un moyen d'intégrer la qualité web telle que décrite ci-dessus. Il est à noter que les principes de l'agilité vont à l'encontre des méthodes de démarche qualité. En effet, les démarches qualité web consistent à référencer, écrire, déterminer en amont tout le processus de la production.

A contrario, les méthodes agiles rejettent toute documentation formelle, elles préfèrent se baser sur du concret et aborde une approche empirique.

Malgré ces différences, l'agilité peut être un allier majeur permettant d'intégrer la qualité web dans un projet. Il faut juste choisir la méthode agile qui le permet. Prenons comme exemple la méthode SCRUM, qui se base sur le découpage du projet en incrémentations appelés « Sprint ». Cette méthode ne couvre pas de technique d'ingénierie, pour pouvoir l'utiliser, il faudra donc la compléter avec d'autres entrées spécifiques. Ces entrées peuvent être les bonnes pratiques de qualité web.

Les principes du SCRUM :

- *Satisfaire le client :* l'implication du client ou de l'utilisateur très tôt dans la conception permet d'écouter ses besoins mais également de les mesurer et ainsi ajuster en fonction les itérations suivantes.
- *Accepter favorablement le changement :* le SCRUM accepte le changement même quand il intervient tard dans le développement. Dans un secteur mouvant comme le web, il se trouve que des technologies, normes, attentes des utilisateurs finaux ne sont plus ceux qu'ils étaient en tout début du projet.
- *Livrer fréquemment :* la livraison permet d'augmenter la valeur ajoutée de la qualité du projet auprès du client. Elle permet également d'avoir un retour client concret.
- *Travailler en collaboration :* la méthode agile permet à toute une équipe de projet de travailler en collaboration et en toute interopérabilité
- *Mesurer l'avancement par un logiciel qui fonctionne :* un logiciel qui fonctionne est la première source d'avancement et de qualité
- *Réajustement à intervalles réguliers :* à intervalles réguliers, une analyse est effectuée pour mesurer l'efficacité de l'équipe et modifie son mode de fonctionnement en conséquence.

Intégrer une démarche qualité formellement définie dans un processus type SCRUM est chose possible. Le but du SCRUM étant déjà de fournir un résultat de qualité, il suffit de prendre en compte tous les aspects qui font qu'un site web est de qualité (Visibilité, Perception, Technique, Contenus, Service).

Scrum offre un avantage supplémentaire, celui de tester et livrer régulièrement un produit partiel qui fonctionne et respecte donc les normes de qualité explicitement ou implicitement attendu par le client ou l'utilisateur.

S'il est donc possible d'allier Scrum et qualité web, il faut cependant repenser quelque peu le mode d'organisation. En effet, pour mener à bien les différents tests en qualité web outre les tests fonctionnels, il faudra impliquer en permanence un intervenant spécialisé en qualité web. Cet intervenant occupera donc le poste du responsable qualité web. D'autres ressources doivent être également intégrées dans l'équipe projet : un utilisateur, un analyste et un testeur sont indispensables pour permettre au projet de gagner en performance.

Tous les membres de l'équipe projet doivent partager une vision commune sur les tests de qualité web et leurs objectifs. Cela peut être possible en mettant en place un outil de travail commun : un référentiel de tests en qualité web, réutilisable et sur lequel on peut se ré appuyer pour répéter le processus.

2. L'Open Quality management pour répondre aux exigences changeant des utilisateurs.

Le management de qualité consiste en la capacité de la structure à entendre les exigences des utilisateurs, de créer de la valeur ajoutée et de transformer ces éléments d'entrées en satisfaction client.
Le risque du management de la qualité, est l'enfermement de l'entreprise sur elle-même, prise dans un processus qui tourne en boucle. Dans d'autres termes, une fois qu'une agence web ait établi et maitrisé sa démarche qualité, la réutilise mainte fois sans prendre en compte les changements qui sont en train de s'opérer à l'extérieur.

La qualité web c'est donc également la capacité de s'ouvrir vers l'extérieur. L'ouverture de l'entreprise vers l'extérieur est effectivement un levier de qualité car elle permet de mettre en avant la transparence des données (code, standards, API, formats…). Elle permet également de faire participer la masse extérieure à l'amélioration de ces données et ainsi de développer une organisation ouverte : l'open source.

Par l'ouverture des formats et des standards, l'entreprise peut facilement transmettre les informations et avoir immédiatement un retour des utilisateurs, ce retour correspond alors au plus près de la réalité quant à la satisfaction des utilisateurs. Il permet de ce fait de repenser à la démarche.
L'ouverture de l'entreprise permet de ce fait, de faciliter la communication et les interactions avec l'utilisateur.

L'ouverture n'est pas seulement un moyen de répondre aux besoins et exigences des utilisateurs qui sont continuellement changeant, elle permet également de se remettre en cause et d'intégrer une démarche d'amélioration continue.

Cette amélioration est possible grâce à l'intelligence collective à produire de la qualité web et ainsi d'en augmenter la valeur.

Comme la démarche Agile, l'Open Quality management permet une appropriation plus rapide et plus correcte de la démarche qualité. Il fait entrer le client/utilisateur au plus près du processus de production pour pouvoir entendre directement les exigences et de mesurer leur satisfaction. Les Versions Beta sont souvent le reflet de ces pratiques.

a) Les freins à l'ouverture

Les peurs et les blocages sont nombreux au sein des structures quant à l'ouverture des données. Effectivement, l'ouverture n'est pas facile, car il consiste à se « dénuder » auprès de ses clients, ses utilisateurs, sa concurrence.

Le premier frein à l'ouverture est sans doute la perte de la propriété intellectuelle. Quand on pratique l'ouverture, on permet à la masse d'utiliser et d'user les données à souhait. Cette perte de propriété implique une sensation de perte de pouvoir. La structure a l'impression de ne plus avoir le contrôle de ses données.

En effet, quand une entreprise est fermée, l'auto-évaluation est de rigueur pour la plupart, il se peut même qu'aucune évaluation n'est faite. Quand on décide d'ouvrir l'évaluation est forcément faite par le public/utilisateur.

Ces craintes sont justifiables, mais l'ouverture peut amener d'autres avantages qui vont contrecarrer ces craintes :

La crainte de la perte de la propriété intellectuelle peut être palliée par la mise sous licence Creative Commons. Les licences Creative Commons permettent effectivement de garantir la protection des droits d'auteur tout en laissant la possibilité à la masse de diffuser et de modifier les contenus.

Le gain de légitimité peut contrecarrer la perte de pouvoir et enfin la perte du contrôle d'évaluation permet aux entreprises d'avoir en retour une amélioration continue de leur système.

b) Comment réussir l'ouverture ?

Il y a deux sortes d'ouvertures : l'ouverture subie et l'ouverture assumée.

On est face à une ouverture subie lorsque l'entreprise ouvre ses données parce que la concurrence l'a déjà fait ou parce que c'est la pratique du moment. Dans ce type de contexte, aucune stratégie relative à cette volonté d'ouverture n'a été pensée et encore moins une stratégie relative aux retours des réponses liées à cette ouverture. Par conséquent l'entreprise ne récupère les avantages auxquels elle aurait droit grâce à cette ouverture. Plusieurs entreprises se trouvent dans ce cas de contexte.

L'ouverture assumée est par déduction, l'ouverture planifiée. L'entreprise ouvre volontairement et stratégiquement pour ainsi profiter de façon consciente les retours émanant de sa cible et ainsi profiter de l'intellectualité collective.

- Pour réussir l'ouverture donc, il faut en amont, l'avoir intégré dans une stratégie. En général ce sont les éléments extérieurs qui poussent une entreprise à l'ouverture. Les enjeux de l'ouverture sont nombreux :
    o Améliorer la qualité du service ou des contenus
    o Améliorer le fonctionnement de l'entreprise
    o Mieux définir les exigences
- Le lâcher prise est l'un des moyens essentiels pour réussir l'ouverture. Il s'agit de publier ses données au public même si celles-ci sont truffées d'erreurs. Cela permet en effet, d'avoir des retours gratuitement, des corrections et des commentaires. L'ouverture permet de profiter de l'intelligence de masse. C'est un cercle vertueux qui offre une amélioration continue. Il est difficile de retrouver ces avantages en interne car les acteurs internes n'auront pas un avis entièrement objectif. Grâce à ces avantages, l'entreprise peut reprendre le contrôle de ses données, une fois que celles-ci ont été améliorées.

Pour conclure, ces deux stratégies qui relèvent du gestion de projet et l'autre du management de qualité permettront de répondre à la problématique liée à l'évolution constante de l'industrie du web. Ce qu'il faut préciser c'est que dans les deux cas l'intégration de toute l'équipe projet dans la stratégie est primordiale. Il est important que chaque acteur comprenne l'intérêt et l'enjeu des démarches pour réussir à démocratiser ces pratiques.
Néanmoins, même si ces deux solutions semblent pouvoir répondre au problème posé, il n'en reste pas moins que le véritable problème est la lenteur des organismes fournir les standards et à suivre en temps réel les différentes évolutions du web.

Ce travail nous a montré que la qualité web est un vaste chantier à explorer, non seulement par le fait qu'elle ait plusieurs standards et normes mais également parce qu'elle est perçue différemment selon les individus.

La conclusion de cette étude amène à comprendre que la privation de la qualité implique un manque à gagner conséquent tant au niveau économique, au niveau social qu'au niveau organisationnel. L'intégration d'une démarche qualité permet effectivement de créer un cercle vertueux qui engendre une amélioration continue de tout le secteur du web !
Les stratégies d'intégration de la qualité web sont nombreuses, il revient à chaque entité de déployer celle qui correspond au mieux aux attentes de sa cible, au temps qui lui est imparti, à son budget ou à sa volonté d'intégrer durablement la démarche.

Dans une autre mesure, dans un monde qui demande une réactivité de plus en plus rapide et des réponses en temps réel, les démarches en qualité web doivent se réinventer pour pouvoir suivre cette frénésie. Les méthodes doivent offrir une pratique adaptable au changement fréquent de l'industrie du web. Si l'OpenData et l'agilité peuvent dans une autre mesure répondre à cette demande au niveau de l'entreprise, il n'en reste pas moins que les organismes qui créent ces standards trainent encore le pas. La longue concertation sur le HTML5 est d'ailleurs un exemple de l'existence d'une cohabitation à double vitesse du web et de la qualité web !

BIBLIOGRAPHIE

– E. SLOIM, L. DENIS, M. de DONA, F. Bonny, La qualité web, les bonnes pratiques pour améliorer vos sites, Temesis Collection References, Mérignac, 2012
– Bernhard Adriaensens, Marc Ingham, Michel Vankerkem, Marketing et Qualité Totale, De Boeck, Bruxelles, 1993

WEBOGRAPHIE
– www.openweb.eu.org
– www.w3qualite.net
– www.w3c.fr
– www.opquast.com
– www.references.modernisation.gouv.fr
– www.letrainde13h37.fr
– www.dailymotion.fr/parisweb
– www.jounarldunet.com , DUJARDIN Rémy, Tests Logiciels : Comment réconcilier qualité et agilité ?,
– www.qualiteonline.com
– www.paris-web.fr
– www.sudweb.fr

www.ingramcontent.com/pod-product-compliance
Lightning Source LLC
LaVergne TN
LVHW042348060326
832902LV00006B/460